DE

L'APPLICATION

DE LA LOI

Sur le travail des Enfants dans ses rapports
avec l'industrie de la verrerie

PAR

E. GÉRARD

VICE-PRÉSIDENT DE LA CHAMBRE SYNDICALE DES VERRERIES DE FRANCE

MAITRE DE VERRERIE A MONTFERRAND (DOUBS)

BESANÇON

IMPRIMERIE ORDINAIRE FILS

6, GRANDE-RUE, 6

DE

L'APPLICATION

DE LA LOI

Sur le travail des Enfants dans ses rapports
avec l'industrie de la verrerie

PAR

E. GÉRARD

VICE-PRÉSIDENT DE LA CHAMBRE SYNDICALE DES VERRERIES DE FRANCE

MAITRE DE VERRERIE A MONTFERRAND (DOUBS)

BESANÇON

IMPRIMERIE ORDINAIRE FILS

5, GRANDE-RUE, 6

DE L'APPLICATION

DE LA LOI

SUR LE TRAVAIL DES ENFANTS DANS SES RAPPORTS AVEC L'INDUSTRIE DE LA VERRERIE

La loi du 19 mai 1874 a été inspirée par un double sentiment d'humanité et de patriotisme ; le doute à cet égard n'est pas permis.

Il était difficile toutefois d'atteindre le but par un premier effort ; non moins difficile d'éviter les embarras qu'une situation toute nouvelle devait créer à l'industrie, bien que celle-ci ne soit qu'au second plan dans la question, l'administration supérieure, par une tolérance bienveillante et prudente, a adouci la transition, mais le moment approche où la loi et ses règlements ne pourront plus rester lettre morte, où l'on devra s'y conformer strictement, ou les faire modifier et compléter.

La lumière va venir, d'une part, des rapports des inspecteurs divisionnaires, d'autre part, des doléances plus ou moins fondées des chefs d'industrie.

Nous sommes de ces derniers. Si nous élevons la voix, c'est en vertu de notre propre initiative, sans prétendre à aucun mandat, mais dans l'espoir que l'exposé fidèle de ce que nous avons entendu et observé chaque jour pourra servir à la solution des questions pendantes.

Les verreries n'étant pas dans des conditions identiques au point de vue de la main-d'œuvre, de la nature des produits et du mode de travail, les réclamations qui se produisent sont empreintes de divergence.

Nous nous attacherons à celles qui arrivent avec un certain ensemble, et dont la satisfaction nous semblerait suffire aux besoins les plus impérieux des jeunes apprentis et de l'industrie.

Ces réclamations s'adressent à deux ordres différents de prescriptions :

Aux prescriptions même de la loi ; aux prescriptions des règlements administratifs :

Les premières, concernant spécialement les conditions légales d'âge et d'instruction des enfants ;

Les secondes, les conditions réglementaires du travail de nuit et du travail du dimanche.

I

D'après les prescriptions de la loi, l'enfant de 10 à 12 ans peut travailler dans les verreries, mais son travail ne peut excéder 6 heures sur 24, ni s'effectuer de nuit (de 9 heures du soir à 5 heures du matin).

L'enfant de 12 à 15 ans peut travailler 12 heures sur 24, même de nuit, même le dimanche dans des conditions déterminées par des règlements d'administration publique.

mais à charge par lui de produire un certificat constatant qu'il est pourvu de l'instruction primaire élémentaire (lecture, écriture et les quatre premières règles de l'arithmétique) ; hors de là, il retombe dans la catégorie des enfants de 10 à 12 ans.

Un exemple fera, mieux que tous les raisonnements, ressortir les conséquences de ces dispositions relativement aux jeunes apprentis et aux maîtres de verrerie.

Nous prenons une usine dont nous connaissons à fond l'organisation.

Grâce à des efforts incessants et des sacrifices de toutes sortes, les maîtres de verrerie sont parvenus à réunir 80 enfants, qui sont encore en nombre insuffisant pour une marche normale.

Ecartons d'abord l'idée que la population ouvrière de l'usine est la source d'où proviennent ces apprentis ; elle n'y compte que dans une proportion minime.

Le recrutement s'opère pour le plus grand nombre dans des familles obérées et sans ressources, dont les pères, anciens cultivateurs, ruinés ou manouvriers plus ou moins hors d'état de travailler, mais chargés d'enfants, qu'ils ne peuvent nourrir, se transportent d'une usine à une autre, d'une industrie à une autre, et souvent vous quittent à la première exigence non satisfaite ou à la première offre d'une prime que la plupart du temps ils provoquent en se prévalant du nombre même de leurs enfants, seulement il faut tout prendre, tout payer, même les pères et les mères, ne fissent-ils qu'un simulacre de travail ; si l'attente n'est pas complétement satisfaite, si un nouveau déficit se constitue autour de la famille, elle va plus loin, sauf, en cas de chômage, à se livrer dans la bonne saison à quelques menus travaux des champs et au besoin au vagabondage et à la mendicité

Telles sont les conditions dans lesquelles les verreries, situées pour la plupart loin des centres, au milieu de populations rurales, où les bras font constamment défaut, recrutent le plus grand nombre de leurs apprentis.

Sur les 80 enfants dont nous avons parlé plus haut, 10 à peine sont en état de satisfaire aux prescriptions de la loi.

Dans l'ancien ordre de choses et jusqu'à ce jour, grâce à la tolérance de l'administration, ces familles ont trouvé dans l'usine :

1° Les moyens d'existence puisque tout le monde gagne ;

2° La possibilité de s'instruire dans une école établie dans l'usine même aux frais des patrons, et qu'une surveillance efficace les force à fréquenter au moins deux heures par jour;

3° L'enseignement professionnel apportant avec lui les habitudes de méthode et de régularité dans le travail, seules capables de faire un jour des ouvriers et des hommes.

Quelle situation l'application de la loi va-t-elle faire à cette population spéciale des jeunes apprentis et aux chefs d'industrie ? Ces derniers pourront-ils, en se plaçant dans la légalité, conserver tous ces enfants illettrés ou trop jeunes ?

Pour cela, il faudrait, réduisant le travail à 6 heures sur 24, qu'on en doublât le nombre ; car il ne faut pas perdre de vue que les ouvriers verriers ne peuvent absolument travailler sans les apprentis , qui sont leurs servants ; en doubler le nombre, serait une charge hors de rapport avec l'état de l'industrie.

Mais il y a plus, voulût-on la supporter, un obstacle matériel s'y opposerait ; les bras manquent.

Nous l'avons dit plus haut, ces 80 enfants ne suffisent

pas à une marche normale, et l'on ne parvient pas à en augmenter le nombre.

En présence de ces deux impossibilités, l'une relative, l'autre absolue, quel parti reste au chef d'industrie ? A éteindre ses feux. Nous l'abandonnons à son sort, car, nous l'avons dit, il n'est que subsidiaire dans la question ; mais que deviendra cette population spéciale d'illettrés, qui pourtant, elle, était l'objectif du législateur ? Qui lui assurera maintenant les moyens réguliers d'une existence régulière ? Est-ce l'Etat ? Est-ce l'Etat, qui, même en le supposant armé de l'instruction obligatoire, parviendra à lui faire fréquenter chaque jour, même pendant deux heures, une école spécialement créée et dirigée pour elle ; y arrivera-t-il par la contrainte envers des pères dont la plupart auraient besoin d'être entourés de la même surveillance que les enfants ?

Que l'on se reporte au registre de présences, dans les écoles rurales, des enfants d'une catégorie bien supérieure, entourés de parents présentant bien d'autres garanties ; que l'on défalque de l'année scolaire les sept ou huit mois pendant lesquels on peut se livrer aux travaux des champs, et où l'école est à peu près vide, les pertes de temps occasionnées par l'éloignement trop fréquent et inévitable de l'école, et l'on aura certainement de la peine à trouver une fréquentation moyenne de 2 heures par jour, dans le cours de l'année entière.

Quant à l'enseignement professionnel, une fois hors de l'usine, où ces enfants le trouveront-ils ? Et lorsqu'après quelques années d'une vie plus ou moins vagabonde, ils viendront, à quinze ans, couverts par la légalité de leur ignorance, chercher les procédés d'une fabrication qui n'a rien de machinal, qui touche aux confins de l'art, pour laquelle un début à 10 ans est déjà tardif, qui parviendra à les leur donner, et que deviendront les apprentis et l'industrie ?

Cet exposé n'a rien d'excessif ; nous ne craignons pas d'être démentis en affirmant que, sur cette question de recrutement des apprentis, la plupart des verreries, en France, sont dans des conditions identiques.

Si nous ajoutons à cela que, dans les verreries, le travail est d'une nature toute spéciale ; que jamais, même pour l'ouvrier adulte, il n'exige de dépense de force, mais seulement de l'adresse ; qu'il n'impose aucun mouvement continu et régulier ; que la halle est exempte de toute émanation délétère ; que si sa température est un peu élevée dans les heures chaudes du jour, elle ne l'est jamais également partout ; que l'apprenti changeant constamment de place, dans un milieu où l'air se renouvelle comme en plein champ, s'y livre plutôt à une promenade qu'à un travail, on est en droit d'espérer qu'un jour prochain viendra où il sera possible, dans l'intérêt des jeunes enfants et de leurs familles, d'obtenir quelques modifications à la loi.

En attendant, il ne nous paraît pas déraisonnable d'insister auprès de la commission et de l'administration supérieure pour que :

Dans les usines où une école spéciale pour les jeunes apprentis sera fondée et dirigée par un instituteur présentant des garanties déterminées ;

Où le travail sera réparti de manière à ce que les apprentis puissent fréquenter l'école, pendant deux heures au moins chaque jour, les enfants de dix à quinze ans, puissent par simple tolérance continuer à travailler, comme par le passé, et ce, jusqu'à une date à partir de laquelle une révision de la loi devra être tentée.

Le programme de l'emploi du temps des enfants, qui

étant sans leurs parents font partie d'un pensionnat fondé dans l'usine, dont nous avons parlé, donnera une idée de la possibilité de faire marcher de front l'enseignement primaire et l'enseignemel professionnel.

L'enfant qui prend le travail à minuit, s'est couché à 6 heures du soir ; de minuit à 5 heures 1/2 ou 6 heures moins un quart il travaille (le travail effectif n'est guère que de 11 heures par jour) ; à 6 heures du matin il se couche de nouveau pendant 2 heures jusqu'à 8 heures ; de 8 heures à 9 heures il déjeune et se récrée ; de 9 heures à 11 heures, classe.

De 11 heures à midi il dîne et se récrée ; de midi à 5 heures 1/2, travail et ainsi de suite,

La fabrication étant répartie entre deux équipes qui alternent, les enfants compris dans la seconde font la contrepartie de la première et pour eux les 2 heures de classe tombent dans l'après-midi.

Pour les usines qui ne font pas alterner les 6 heures de travail, il serait également facile de trouver doux heures par jour pour la classe, mais nous pensons qu'avec la réglementation ci-dessus et vu la nature spéciale du travail des enfants dans les verreries, le régime n'est pas plus dur que celui des enfants du même âge dans les lycées.

II

Indépendamment de ces prescriptions si graves relativement à l'âge et au degré d'instruction des enfants, la loi (art. 5) interdit jusqu'à l'âge de 16 ans tout travail de nuit et du dimanche ; elle fait toutefois une exception en faveur des usines à feu continu pour les enfants de 12 ans et plus, laissant à l'administration le soin de déterminer par des règlements les travaux tolérés et le temps pendant lequel ils devront et pourront être exécutés (art. 6 de la loi du 19 mai 1874).

Deux décrets en date des 13 et 22 mai 1875 ont fixé ces points :

Arrêtons-nous d'abord sur le travail de nuit, l'article 2 du règlement est ainsi conçu :

« Lorsque les enfants seront employés toute la nuit, leur travail doit être coupé par des intervalles de repos, représentant un temps total de repos au moins égal à deux heures.

» La durée totale du travail, y compris le temps du repos, ne peut d'ailleurs dépasser douze heures par vingt-quatre heures.

» Les enfants ne peuvent être employés plus de six nuits par quinzaine, sauf dans les verreries où l'on travaille à la fonte. »

Pour bien concevoir la mise en pratique de ces dispositions, quelques explications pourront être utiles.

Il y a deux manières de travailler le verre : l'une à heures irrégulières, l'autre à heures fixes et régulières.

Dans la première manière, le verrier charge ses creusets de composition, active son feu et appelle tout son monde quand la matière est arrivée au point voulu de fusion.

Lorsque la matière fondue est tout employée, les ouvriers sont mis en repos, les creusets rechargés et les ouvriers rappelés, lorsque la fusion est à son point ; la durée du travail et de la fusion étant variables, les heures de travail varient également.

Dans la seconde manière, l'intensité des feux ne se ralentit jamais ; la matière à fondre est mise et entretenue en quantité plus grande que celle rigoureusement nécessaire pour la durée du travail ; les creusets sont rechargés à mesure qu'ils s'épuisent et le verre fondu ne manquant jamais, les heures pour le travailler peuvent être fixes et régulières.

Cette seconde manière se subdivise en deux modes, celui dans lequel on fait travailler tout son monde à la fois, en une seule équipe, pendant 11 à 12 heures, et celui dans lequel on divise les ouvriers en deux équipes alternant de 6 heures en 6 heures , ainsi que nous en avons donné l'exemple plus haut.

Il est superflu de mettre en lumière ce que le travail à heures régulières et surtout le second mode de travail a de favorable pour l'ouvrier ; pourquoi la commission supérieure en réglant le travail de nuit a-t-elle montré plus de sollicitude pour les verreries qui travaillent à heures irrégulières ? Nous ne pouvons le dire , mais l'application de l'article 2 ci-dessus du règlement relativement aux six nuits de travail qu'il concède aurait besoin d'être précédée d'une interprétation.

Comment répartir ces six nuits aux usiniers qui ne font jamais plus de quatre ou cinq heures de nuit dans vingt-quatre ?

De la combinaison des alinéas 1 et 2 de l'article précité, il résulte que la nuit concédée est de 10 heures : cela étant, il nous paraîtrait convenable de convertir ces nuits en heures de nuit, soit soixante heures par quinzaine ; de cette manière, les verriers qui feraient des relais de nuit de dix heures sur vingt-quatre n'en auraient que six dans la quinzaine ; ceux qui les feraient de cinq heures sur vingt-quatre en auraient douze dans la quinzaine, et ceux qui descendraient à quatre heures sur vingt-quatre en auraient quinze par quinzaine.

III

Il nous reste quelques considérations à faire valoir relativement au travail du dimanche.

L'article 3 du règlement du 22 mai 1875 est ainsi conçu ;

« Le travail est autorisé aux conditions fixées par l'article 1 le dimanche et les jours fériés dans les sucreries et les verreries, sauf de six heures du matin à midi. »

L'article 6 de la loi reconnait formellement la nécessité de continuer le travail le dimanche dans certaines usines ; il le consacre par une disposition formelle, laissant aux membres de la commission supérieure le soin de le réglementer.

Les honorables membres de la commission n'ont certainement pas eu l'intention de revenir sur une disposition législative, et en principe ils ne l'ont pas atteinte, mais dans le fait ils ont mis la disposition de la loi à néant.

Il est parfaitement certain que dans les verreries, si les ouvriers ne peuvent travailler sans les enfants qui les assistent et les servent, les enfants ne peuvent travailler sans les ouvriers dont ils ne sont que les servants. Or, si l'on nous trouve une seule verrerie où il soit possible de reprendre le travail à midi ou une heure après l'avoir suspendu le matin, nous dirons qu'il y a un cas où la disposition de la loi peut encore être appliquée nonobstant le règlement. Ce résultat n'est certainement pas celui qu'a pensé atteindre la commission supérieure et de ce chef encore, nous pensons qu'il y aurait moyen de faire la part de tout le monde.

Dans les usines qui travaillent en doubles équipes alternant de 6 heures en 6, l'équipe qui finit le travail le dimanche de 11 heures à midi aurait à sa disposition l'après dîner du dimanche et la nuit du lundi ; après le repos elle pourrait reprendre le travail dans le premier relais du lundi qui reprend à 3 heures et finit à 6 heures du matin ; de cette manière cette équipe arriverait à finir le travail le dimanche suivant à 6 heures du matin et aurait son dimanche entier et toute la nuit du dimanche, soit 24 heures à sa disposition. L'autre équipe avec les mêmes alternances aurait la même situation, qui se résumerait à ceci : un dimanche sur deux, entièrement disponible pour le repos et l'accomplissement du devoir religieux, et le dimanche suivant, la moitié du dimanche et de la nuit consacré également aux devoirs religieux et au repos,

Dans les usines qui travaillent en une seule équipe, il n'y aurait qu'un moyen, ce serait de faire cesser le travail à dix ou onze heures, par exemple, avec obligation pour l'usinier de procurer aux apprentis les moyens mêmes à cette heure tardive d'accomplir les devoirs religieux.

Nous avons réduit à trois les principaux griefs que les apprentis et leurs familles, comme les maîtres de verrerie, peuvent adresser à la loi et aux règlements ; pour les uns comme pour les autres, ils constituent un vrai danger ; même avec la tolérance et les modifications que nous espérons, il paraîtra dure à bien des pères d'avoir complétement à leur charge les enfants de 8 à 10 ans dont un certain nombre gagnaient déjà une partie de leur subsistance et étaient entourés d'une surveillance et de soins que leurs parents ne sauront et pourront leur donner. Mais à leur égard nous ne regrettons pas la prohibition absolue ; elle servira au moins à permettre d'établir une comparaison entre les progrès de ces enfants complétement affranchis du travail et des progrès les enfants qui, bien qu'illettrés comme les premiers continueront, à faire partie de l'usine et à suivre l'atelier en même temps que l'école.

Si cette comparaison peut être faite et suivie dans tous ses détails au point de vue moral comme au point de vue intellectuel, comme au point de vue physique, on verra une fois de plus, nous n'en doutons pas, combien la théorie la plus vraie et la plus saine a besoin de temps, de ménagement et de transactions pour passer dans l'ordre des choses pratiques et devenir féconde en résultats.

Besançon. — Imp. ORDINAIRE fils.

9 782329 621975